조각조각 스티커
스티커컬러링
동물 ANIMALS

애플비
applebeebooks

차례

지구 위에서 우리와 함께 살아가는 당당하고 멋지고 늠름한 동물들을 스티커로 차근차근히 완성해 보세요!

기린 · 4쪽 (42조각)

코끼리 · 6쪽 (42조각)

사자 · 8쪽 (56조각)

치타 · 10쪽 (56조각)

사슴 · 12쪽 (56조각)

악어 · 14쪽 (70조각)

이렇게 붙여요.

1 마음에 드는 그림을 고르고, 해당하는 스티커 페이지를 점선을 따라 뜯어요.
▶ 스티커는 29쪽

2 그림의 가~하를 잘 보고 스티커 페이지에서 똑같은 색깔의 글자를 찾아 그림에 붙여요.

70 조각
흰머리수리 ········ 16쪽

70 조각
대왕판다 ········ 18쪽

84 조각
공작 ········ 20쪽

98 조각
코뿔소 ········ 22쪽

98 조각
말 ········ 24쪽

98 조각
바다거북 ········ 26쪽

포유강
소목
기린과

기린

땅 위에 사는 동물 중에서 가장 키가 크다.
가시가 많은 잎도 잘 먹고, 특히 아카시아와 미모사 잎을 좋아한다.
사람과 똑같이 일곱 개의 목뼈를 가지고 있지만 뼈 하나하나의 길이가 무척 길다. 물을 마실 때는 앞다리를 좌우로 넓게 벌리고 고개를 숙여서 마신다.

▶ 스티커는 29쪽

ANIMALS

포유강

장비목

코끼릿과

코끼리

땅 위에 사는 동물 중에서 가장 몸집이 크다.
코에는 약 15만 개 이상의 근육이 모여 있어 비교적 작은 물건도
잘 집을 수 있고 물을 빨아들여 입으로 가져가 마실 수도 있다.
나이가 많은 암컷이 새끼와 암컷들로 이루어진 무리를 이끌고,
수컷은 다 크면 수컷들끼리 무리를 이루거나 홀로 살아간다.

▶ 스티커는 31쪽

ANIMALS

사자

- 포유강
- 식육목
- 고양잇과

고양잇과 동물 가운데 가장 큰 맹수로, '백수의 왕'이라 불린다. 단독 생활을 좋아하는 보통의 고양잇과 동물과는 달리 10마리 이상, 많게는 40마리까지도 무리를 지어 산다. 사냥은 주로 암컷이 하고 수컷은 암컷이 사냥을 나간 동안 새끼들을 지킨다. 수명은 야생에서는 약 10~15년이며, 동물원에서는 약 20년 정도이다.

▶ 스티커는 33쪽

포유강

식육목

고양잇과

치타

땅 위의 동물 중에서 가장 빠르게 달릴 수 있으며 최고 속도는 시속 110킬로미터 정도이다. 다만 오랫동안 달릴 수는 없기 때문에 수풀 사이에 숨어 먹잇감을 감시하며 최대한 가까이 다가간 후 갑자기 뛰어 공격한다. 뛰는 중에도 가속과 감속, 방향 전환이 자유로워 날쌔게 사냥을 할 수 있다.

▶ 스티커는 35쪽

ANIMALS

포유강
소목
사슴과

사슴

보통 사슴과에 속하는 포유류를 통틀어 모두 사슴이라고
하며 고라니, 노루, 순록 등도 사슴에 속한다.
몸길이 30센티미터의 소형종부터 300센티미터의
대형종까지 종류가 다양하다.
대부분의 사슴들은 수컷만 뿔을 가지고 있으며,
이 뿔은 매년 봄이 되면 떨어져 나가고 새로 자라난다.

▶ 스티커는 37쪽

악어

머리부터 꼬리 끝까지 단단하고 우툴두툴한 비늘판에 덮여 있다.
낮에는 주로 물가에서 햇볕을 쪼며 지내다 밤이 되면
물속에 들어가 사냥을 한다. 눈, 코, 커만 내놓고 물에 잠겨 있다가
먹잇감이 나타나면 소리 없이 다가가 재빠르게 낚아챈다.

- 파충강
- 악어목
- 악어과

ANIMALS

14 ▲ 스티커는 39쪽

조강

매목

수릿과

흰머리수리

몸길이는 70~100센티미터, 날개를 편 길이는 2.3미터에 달한다.
주로 바닷가나 호숫가의 나무 위에 커다란 둥지를 짓고 산다.
날개를 펼치고 천천히 하늘을 돌다가 물고기 등의 먹이를
발견하면 급강하하여 날카로운 발톱이나 부리로 낚아챈다.
미국은 1782년 흰머리수리를 국조로 지정했다.

▶ 스티커는 41쪽

ANIMALS

포유강

식육목

곰과

대왕판다

중국의 쓰촨성과 티베트의 고산 지대 등을 중심으로 대나무가 우거진 곳에 산다. 평소에는 혼자서 생활하다가 봄철 발정기가 되면 여러 마리가 모인다. 먹는 음식의 99퍼센트가 대나무이며, 이외에 가끔 버섯, 나무뿌리, 꿀, 작은 동물을 먹기도 한다. 앞발에는 툭 튀어나온 부분이 있어 이 돌기와 다른 발가락을 이용해서 먹이를 잘 잡을 수 있다.

▶ 스티커는 43쪽

ANIMALS

공작

조강
담목
평과

수컷은 길이가 1.5미터에 달하면 길고 화려한 위 꼬리덮깃을 가지고 있다. 보통 이것을 꽁지깃이라고 생각하지만 몸통의 끝이 아닌 중간쯤에 나 있고 꽁지깃은 따로 있다. 번식기가 되면 수컷은 이 꼬리덮깃을 활짝 펼쳐 암컷에게 구애 행동을 한다. 암컷은 온몸이 갈색이며 수컷보다 조금 작다. 땅 위에 둥지를 틀고 6~10개 정도의 알을 낳아 암컷이 품는다.

ANIMALS

▶ 스티커는 45쪽

포유강
말목
코뿔솟과

코뿔소

다른 말로 무소라고도 한다. 머리에 1개 또는 2개의 뿔이 있다. 모든 코뿔소가 크지만 특히 아프리카에 사는 흰코뿔소는 몸길이가 3.8~5미터, 몸무게는 1.8~2.7톤에 달하며, 땅 위의 동물 중에서 코끼리의 뒤를 이어 가장 크다. 시력이 나빠 사람이 가까이 있어도 움직이지 않으면 알아채지 못한다. 대신 두 눈이 머리 옆에 붙어 있어 뒤쪽까지 살필 수 있고, 청각과 후각이 발달했다.

▶ 스티커는 47쪽

포유강
말목
말과

말

아주 오래전부터 길러 왔으며, 인간에게 가장 중요한 가축 중의 하나였다. 시속 60킬로미터 정도의 속도로 꽤나 오랫동안 달릴 수 있으며, 시각과 청각이 발달하였다. 지능이 높고 기억력이 좋으며 온순하여 사람이나 다른 동물과 정서적 교류가 가능한 사회적 동물이다. 위험이 닥쳤을 때는 보통 도망을 치지만 도망치기 어렵거나 새끼가 위험에 처하면 적과 맞서 싸운다.

▶ 스티커는 49쪽

ANIMALS

바다거북

파충강
거북목
바다거북과

등딱지의 길이가 보통 1미터가 넘고, 몸무게는 180~300킬로그램 정도이다. 육지 거북과 달리 바다 생활에 적합하도록 네 다리가 지느러미 모양으로 변했다. 위협에 처해도 머리와 다리를 등딱지 안으로 집어넣을 수 없다. 평생을 바다에서 보내다가 알을 낳기 위해 자기가 태어난 바닷가로 되돌아오는데, 때로는 수천 킬로미터 이상을 헤엄치기도 한다.

▶ 스티커는 51쪽

ANIMALS

더 쉽고 멋지게 즐기는 Tip!

1 가나다 순서대로 스티커를 한 장씩 떼어 차례대로 붙이면 마음도 더욱 차분해지고 그림도 쉽게 완성할 수 있어요.

2 스티커 핀셋을 이용해 스티커를 떼어 내고, 그림에 붙이면 더 쉬워요.

동물들과 만날 준비됐나요?

기린

본문 그림 5쪽

사슴

본문 그림 13 쪽